AF227439

LE
SOUVENIR FRANÇAIS

DISCOURS PRONONCÉ

A L'ÉGLISE DE LA MADELEINE

le 8 Juin 1894

PAR

LE R. P. CONSTANT

DE L'ORDRE DE SAINT DOMINIQUE.

PARIS

IMPRIMERIE SALÉSIENNE (Directeur L'abbé J. Ronchail.)

28, Rue Boyer, (*Ménilmontant.*)

1894

LE
SOUVENIR FRANÇAIS

DISCOURS PRONONCÉ

A L'ÉGLISE DE LA MADELEINE

le 8 Juin 1894

PAR

LE R. P. CONSTANT

DE L'ORDRE DE SAINT DOMINIQUE.

Mes frères,

Il y a trois points d'appui dont l'âme tire sa force pour donner vie, vigueur et victoire à ses œuvres : le passé, le présent et l'avenir.

Le souvenir est la force du passé ; l'affirmation est la force du présent ; l'espérance est la force de l'avenir.

I

Le souvenir est la force du Passé.

On a dit que tout se retrempait en remontant à ses origines. Cette vérité ne se démontre plus. Elle est passée à l'état de proverbe et fait partie de la sagesse des Nations. Mais quel sera le moyen de transport pour accomplir ce retour? Car la course est parfois longue. Il y a du lointain dans certaines origines; et, ici, hâtons-nous de saluer le plus beau passé que Dieu ait donné jamais à un peuple, le passé de la France; ce passé compte quatorze siècles.

Eh bien! le véhicule, pour mieux parler, l'aile de l'âme, ce sera le souvenir.

Et, la traversée faite, quel terme rencontrera l'âme au bout de ce passé! Des tombeaux.

C'est le point d'appui!

Mais quoi! serait-il possible? N'y-t-il pas méprise? Nous sommes bien plus habitués à voir dans le tombeau la fin des choses que le commencement des choses. Aussi bien, il y a plus de quatorze siècles que la mécréance de toutes les latitudes a dit sur tous les tons, que tout finit à la tombe; que l'heure de la tombe est la date du néant de l'homme.

Eh bien! la mécréance, qui a tenté toutes les voies de la déraison, n'est jamais allé plus loin dans aucune. C'est juste le contre-pied du vrai. La tombe est si peu le néant de l'homme que c'est le tout de l'homme.

Qu'un homme ait pu fournir la plus généreuse, la plus héroïque des vies, elle ne lui compte pas si une mort sans honneur vient la démentir.

Mettez, au contraire, une mort glorieuse au bout des banalités d'une vie vulgaire, ou même des misères d'une vie défaillante: tout se répare. C'est donc la mort, c'est donc la tombe qui a le dernier mot des choses.

Aussi l'honneur, la force, la vitalité, la prospérité des sociétés et des nations ont toujours été en raison directe de l'honneur, de la dignité, de la majesté, de la sainteté de leurs tombeaux.

Voyez l'Eglise Catholique! De l'aveu de tous, ennemis comme amis, c'est la société la plus vaste, la plus imposante, la plus impérieusement visible, la plus douée de vitalité qu'il y ait au monde. D'où lui vient cette situation, exceptionnelle et sans rivale devant laquelle tous s'inclinent ? De ses tombeaux. C'est la plus belle collection de tombeaux que l'on connaisse. — C'est la plus populeuse, la plus majestueuse cité des morts.

Il y a les pyramides d'Egypte ; il y a les hypogées de l'Inde, où des dynasties sont rangées l'une sur l'autre. Il n'y a rien comme les catacombes. C'est par millions que les morts s'y sont couchés. Et quels morts !

Vous ayant conduit aux origines de la France ce seraient donc ses vieux tombeaux que j'aurais à dénombrer : le tombeau de Clovis, le tombeau de sainte Clotilde, le tombeau de sainte Geneviève ; les tombeaux de ses grands Evêques : de saint Denys, de saint Martin, de saint Germain, de saint Remy, et de tant d'autres qui ont fait la France, a dit un Protestant, comme les abeilles font une ruche. Mais le catalogue en serait démesuré. Car si ces illustres ouvriers ont été actifs comme les abeilles, ils ont pareillement été nombreux comme elles.

Je me hâte de vous dire que, comme il y a des tombes génératrices et fondatrices, il y a des tombes rédemptrices ; et que, ce qui caractérise plus particulièrement ces dernières, c'est le voisinage d'un Calvaire.

Ce n'est pas que le Calvaire soit absent des premières. Car il n'y a pas de fécondité sans douleur depuis l'originel désordre de choses et leur réparation par la souffrance. Et en vertu de la même loi, depuis que le style de l'Evangile est devenu le style de l'élite du genre humain et de toutes les civilisations du monde, toute douleur intelligente, ordonnée, acceptée de la justice de Dieu, s'est appelée une Croix ou un Calvaire.

Mais le Calvaire se tient plus près des tombes rédemptrices, s'y met plus en relief et plus en vue à cause de cette grande tombe Rédemptrice, placée si près de son Calvaire qu'un même dôme les a recouverts tous deux, ce Dôme glorieux qui a pris le nom de la tombe et s'est appelé le Saint-Sépulcre.

Eh bien le Calvaire n'a pas manqué aux tombes rédemptrices de nos héros.

Ils en ont eu l'agonie anticipée.

Ne fut-ce pas une agonie que cette attente interminable d'hommes exténués de privations et de fatigues parqués comme des animaux, exposés à toutes les intempéries de l'air?

Ils ont eu leur Chemin de Croix.

N'est-ce pas le nom qui convient à cette pérégrination douloureuse, à ce passage de la frontière, à ces regards désolés, retournés vers une patrie qui les fuyait et que tant ne devaient plus revoir?

Ils ont eu les insultes de la Passion.

Toutes les dérisions, tous les sarcasmes dont l'inhumaine lâcheté dispose ont été employés. Un ennemi implacable y a épuisé la langue de l'insolence, a mis son étude à montrer jusqu'à quel point l'on pouvait porter l'outrage au malheur. Un trait résume tous les autres. On leur joua la Marseillaise! On était loin de la captivité du roi Jean.

Enfin il y eut comme dans la Passion, des anges qui consolèrent et confortèrent. — Des prêtres Français se trouvèrent au chevet de ces disciples, de ces imitateurs complets du grand cruxifié, et leur présentèrent le Calice. Ils l'acceptèrent et voilà pourquoi leurs tombes sont des tombes Rédemptrices.

Mais c'est leur mort, dira quelqu'un, qui est Rédemptrice. La mort est tout dans la question. La tombe n'est qu'une superfétation parasite, une de ces surannées superstitions, dont l'esprit moderne a la tâche de désencombrer l'humanité.

Je réponds qu'une superstition, qui dure depuis le commencement du monde, qui a suivi les hommes sous tous les climats, qui a marqué de son sceau ineffaçable tous les points du sol a bien quelques titres à opposer à la prétendue sagesse de nouveaux venus qui datent d'hier ; qu'il y a bien une frontière qui sépare, ici, les insensés des sages, mais que c'est le côté respectif de la sagesse et de la démence qui se trouve apparemment fort différent de ce qu'estime l'infatuée suffisance de nos nouveaux docteurs.

Mais le mieux sera de demander une leçon de sagesse à nos ennemis. Cela seul est une sagesse et des meilleures.

Imaginez que nous ayons une tombe de Jeanne d'Arc. Toute la France, depuis deux mois, n'y serait-elle pas venue en pèlerinage ? Que dis-je ? Toute la France. Mais tout ce qui dans le monde porte une goutte de sang Français ; mais l'étranger lui-même ; mais toute race civilisée, tout ce qui, grâce au Christ ne porte plus le poids des antiques ténèbres, tout ce qui a ressenti le contact illuminateur de l'Evangile. C'est ce que comprirent bien les Anglais. Ils conduisirent les choses de manière à ce qu'il n'y eut pas de tombe de Jeanne d'Arc. Et ils ont fait plus de mal à la France, en lui prenant la tombe de Jeanne, qu'en lui gardant Calais pendant deux siècles.

Telle est la puissance des tombeaux. Telle est la force que l'âme y puise. Cette force du passé qui s'appelle le souvenir.

Mais, il y a aussi une force du présent.

II

La force du présent, c'est l'affirmation.

Que l'affirmation soit une force, cela ressort tout d'abord de la faiblesse de ses contraires.

Qu'y a-t-il de faible comme une négation! Qui a trouvé jamais un point d'appui dans une négation? S'appuyer sur une négation, c'est s'appuyer sur le vide; bâtir sur une négation, c'est bâtir en l'air.

S'appuyer sur le doute, bâtir sur le doute est aussi dépourvu de sens et de résultat. Le sable mouvant ne donne pas plus de base que le vide.

L'affirmation, au contraire, est une base; l'affirmation est une force.

Pourquoi l'affirmation, est-elle une force ? D'abord, du fait seul qu'elle est affirmation et que, comme telle, elle est ferme et affermit.

La bataille est gagnée, s'écria Napeléon, à Wagram. Elle ne l'était pas encore. Mais l'affirmation apporta l'appoint de force qui manquait. On fit reculer l'ennemi. Ce fut toute la victoire. Mais ce fut une victoire et ce fut une affirmation qui la remporta.

Mais, force par elle-même, l'affirmation, l'est bien plus par la valeur de ce qu'elle affirme.

Or qu'affirmez-vous, par votre présence dans ce temple ?

Vous affirmez la prière, c'est-à-dire ce que le cœur de l'homme peut produire de plus grand.

Il sort, pourtant, de bien magnifiques choses de ce cœur, et, vous êtes autant qu'on peut l'être, en situation de le savoir. Vous êtes placés sur le seuil et vous assistez au défilé. Le patriotisme, l'honneur, la discipline, le courage, le dévouement sous toutes ses formes le cœur de nos héros la fait passer sous vos yeux. Eh bien ! la prière vaut mieux encore que ces merveilleuses choses, parce que rien, autant qu'elle, ne nous place près de Dieu et que l'homme est grand dans la mesure où il approche de Dieu.

Et, affirmant la prière, vous affirmez l'âme immortelle.

Il est d'élémentaire philosophie que qui affirme le moyen affirme plus encore la fin. Et quelle est la fin de votre prière? Judas Machabée va nous le dire. Nul n'a plus qualité pour intervenir et nous ne pouvions requérir meilleur docteur.

Il avait fait une collecte afin de faire prier pour ses compagnons d'armes, tombés au champ d'honneur dans les dernières actions. Et il en agissait ainsi, dit son historien, en pensant à la résurrection. Car s'il n'eût pensé que ces âmes fussent survivantes c'eût été chose inutile de prier pour elles.

Enfin, vous affirmez, par-dessus tout, Celui qui entend la prière, sans l'existence duquel la prière aurait moins de sens encore: vous affirmez Dieu.

Or Dieu, l'âme, la prière, c'est le sommet des choses. Pouviez-vous faire affirmation meilleure?

Et, ce qui donne plus d'importance à ces affirmations, ce qui accroît leur prix, c'est le besoin qui s'en fait sentir par ailleurs. C'est qu'elles viennent combler des lacunes douloureuses. C'est qu'à côté de la France qui croit et qui prie, il y a la France qui ne croit pas et qui ne prie pas; qui manque de croyance et de prière à une telle dose, qu'autant vous affirmez croire et prier, autant elle affirme ne pas prier et ne pas croire; qui déclare bien haut, dans le lieu le plus solennel du monde qu'il est des questions qui ne comportent pas d'équivoque; qu'il faut qu'il soit bien entendu, reconnu, une fois pour toutes, qu'on ne croit à rien, qu'on ne prie jamais.

Je n'ai pu me taire sur ces choses. Les passer sous silence m'eût semblé trahir mon ministère. Y insister davantage serait en dépasser les exigences. Aussi bien serait-ce du même coup, enseigner la sagesse aux sages et informer plus instruit que soi. Je laisse à d'autres ce métier stérile et je vais au troisième point d'appui, à celui qui nous fournit la force de l'espérance: l'avenir.

III

La force de l'avenir c'est l'Espérance.

Il y a trois raisons d'espérer en l'avenir de la France.

La première est la piété française.

Dis te minorem quod geris, imperas, disait, à son peuple un Romain illustre.

C'est parce que tu te tiens petit devant Dieu que tu as l'empire du monde.

La louange ne venait pas d'une bouche suspecte. Le maître qui la décernait n'avait ni le cerveau hanté par le mysticisme, ni l'esprit gâté par l'abus des pratiques de dévotion.

Parcus Deorum cultor et infrequens.

Mais le sens de l'honnête, le sens du vrai, le sens religieux, dont ils naissent, reprenaient l'âme du Romain au milieu des délires qui égaraient son cœur, et lui dictaient ce mot magnifique, le plus remarquable qu'il nous ait laissé, lui qui en a dit tant d'autres, et qui a parsemé ses belles œuvres de tous les oracles du bon sens. *Dis te minorem quod geris, imperas!*

C'était bien vrai! C'était bien là le dernier mot de la puissance romaine. C'est aussi le dernier mot de la gloire de la France.

C'est parce que la France s'est estimée petite devant Dieu; c'est parce qu'elle s'est tenue aux ordres de Dieu; c'est parce qu'elle s'est faite *le sergent de Dieu*, comme parlaient nos pères; *le lieutenant de Dieu* comme parlait Jeanne d'Arc, que Dieu l'a discernée et lui a donné le premier honneur national dont ait jamais resplendi un peuple.

Sans doute, il ne lui a pas accordé, autant qu'à Rome, la puissance qui conquiert, quoique l'épée de la France ait mesuré autant d'espace que l'épée romaine; mais c'est parce qu'il fallait quelque chose de meilleur à la France. La France baptisée et chrétienne devait obtenir des faveurs plus hautes. Et c'est pourquoi Dieu lui a donné mieux que l'épée qui conquiert et opprime: il lui a donné l'épée qui secourt et délivre. A Rome l'épée dominatrice! A la France l'épée chevaleresque!

La première gloire militaire des annales des peuples est la chevalerie. L'épanouissement, l'expression, l'expansion complète de la chevalerie, c'est la croisade; et la croisade, c'est la France. Dans ces vingt peuples qui accourent d'Occident pour délivrer le saint tombeau, c'est la France qui absorbe tout. C'est le nom de France qui est demeuré. C'est lui qui électrise encore l'Oriental. L'épée de Godefroy de Bouillon et de saint Louis l'ont tracé de telle sorte que ni les sables poussés par les vents du désert, ni les ruines amoncelées par les conquérants dévastateurs, n'en ont enseveli les lettres lumineuses. On l'y lit toujours, et il est toujours, pour l'œil qui le rencontre, l'expression de tout ce qui crée les fiertés du genre humain, de tout ce qui s'est jamais remué de plus noble au cœur des hommes.

Dis te minorem quod geris, imperas.

Et voilà pourquoi, aujourd'hui, à une telle distance de ces choses, un opulent, un merveilleux patrimoine d'honneur, de générosité, de courage, de vertus et de civilisation chrétiennes est demeuré à la France. Elle en a pour elle et pour qui veut puiser à son trésor. Elle s'en est faite la distributrice, la propagatrice. Elle en a obtenu une sorte d'apostolicité et de catholicité. Elle en porte une telle auréole au front, que les autres peuples s'éprennent d'elle; que ne pouvant être la France, ils veulent au moins, communier à une nationalité si glorieuse, et qu'on a pu dire, sans être démenti par aucun d'eux que tout homme a deux patries : la sienne et la France.

Dis te minorem quod geris, imperas.

La piété française est donc une raison d'espérer, et cette raison, vous venez l'accroître. Qu'est en effet votre actuelle démarche sinon un acte de piété ; de piété envers Dieu, d'abord, et puis, de la première piété qui vient après celle-là, la piété envers les morts?

La seconde raison d'espérer, c'est la charité française.

C'est, à l'heure présente, un spectacle qui émerveille quiconque s'y arrête.

La France catholique, exploitée, rançonnée, dépouillée de mille manières ; car ce n'est un secret pour personne, que les récentes malhonnêtetés financières, ces malhonnêtetés dont on peut parler à ciel ouvert, puisqu'elles ont été étalées au grand jour, que ces malhonnêtetés incroyables ont porté surtout sur les catholiques ; on y a déployé tout l'art de la fraude si tristement avancé aux jours d'effrénée convoitise que nous traversons : eh bien ! cette France catholique, si odieusement appauvrie, n'a rien retranché de sa charité. C'est toujours le soleil à la chaleur duquel rien n'échappe. *Nec est qui se abscondat a calore ejus.*

Elle va d'abord au chef de l'universelle famille.

C'est la France qui me nourrit dit Léon XIII!

Comme cette fille antique qui allait nourrir son vieux père dans sa prison, en sorte que les geôliers ne comprenaient rien à la prolongation des jours du vieillard, ainsi de la charité française.

Et, ensuite, à quelle œuvre manque-t-elle de subvenir; sur notre sol, à l'étranger, partout ? La charité française, c'est l'huile de la veuve de Sarepta, qui ne s'épuise jamais tant qu'il y a des vases à remplir.

Or, vous faites, aujourd'hui, le plus bel acte de cette charité. Car, si l'aumône de la vie dans le temps, par le pain, par les vêtements, par l'asile, par le service chrétien sous toutes ses formes, est déjà si grande que sera-ce de l'aumône qui donne la vie éternelle. Et c'est là l'aumône que vous apportez, que vous faites transmettre par les anges aux chères âmes de nos soldats pour lesquelles vous êtes venus prier.

Enfin la troisième raison d'espérer, c'est le repentir français.

Le repentir français, c'est lui qui le premier a rasséréné les âmes, au lendemain de nos malheurs. C'est lui qui a relevé les cœurs, qui a rendu l'espérance à ceux qui n'en avaient plus. C'est cet acte de repentir, fait par toute la France cette fois ; cet acte de repentir en pierre qui se dresse au-dessus de Paris avec l'inscription gigantesque dont resplendit le pourtour de ses majestueuses murailles :

Sacratissimo Jesus Cordi Gallia pœnitens et devota.

Au Très Sacré-Cœur de Jésus la France pénitente et dévouée.

Or, vous aussi, vous faites aujourd'hui un acte de repentir. Et de quoi vous repentez-vous ? Car on se repent toujours de quelque chose.

Je vais vous le dire.

A l'heure la plus critique la plus navrée de nos épreuves, un homme nous arriva par les airs. Il ne venait pas du ciel pour autant.

Cet homme avait de bons désirs. Mais les bons désirs ne suffisent pas et rarement leur insuffisance, tant de fois prouvée fut mise en tel relief.

Cet homme s'improvisa tout ce que l'on voulut, ou pour mieux dire, tout ce qu'il voulut: stratège, tacticien, intendant, négociateur, administrateur. N'ayant jamais connu de limites à la puissance de la pose, il posa en sauveur de la France. Nous sûmes vite et nous savons, hélas! à quoi aboutit cette pose.

Or parmi tant de causes effectives de nos désastres, posées par l'incapacité présomptueuse de cet homme, quelle fut la cause principale et déterminante? La voici:

C'est parce que cet homme, qui inonda trois mois durant, la France de sa faconde et de ses bulletins, ne sut pas, une seule fois, y placer le nom de Dieu. C'est unique dans l'histoire des peuples malheureux!

Il parla bien du génie de la France.

Je ne connais de génie de la France que saint Michel. Ce n'est pas apparemment à ce génie que pensait l'intempérant discoureur. Car comment eut pensé à *qui est comme Dieu?* (c'est le nom de saint Michel) celui qui ne pensait pas à Dieu?

C'est de cette rupture avec Dieu, de ce reniement de Dieu que vous faites acte de repentir aujourd'hui au nom de la France.

Qu'est-ce en effet que le repentir, l'effectif repentir, le seul qui soit sérieux et dont on tienne compte? C'est la différence dans les voies. Or cette différence n'apparaît-elle pas complète? Là, l'oubli de Dieu, l'exclusion de Dieu; par suite, l'injure à Dieu. Ici, le souvenir de Dieu, l'hommage à Dieu, l'appel du secours de Dieu, l'humble prière aux pieds de Dieu.

Vous avez donc toute la force de l'avenir dans l'espérance. Vous avez celle du présent par l'affirmation. Vous avez celle du passé par le souvenir.

Que reste-t-il que d'attendre avec confiance, sans les provoquer comme sans les craindre les occasions nouvelles d'ajouter à cette longue liste d'exploits qu'au berceau même de la France, le père de notre histoire, plus prophète encore qu'historien, initié aux destinées du grand peuple dont il saluait, dont il chantait les gloires, appelait les exploits de Dieu par les Francs: *Gesta Dei per Francos*. Amen.

www.ingramcontent.com/pod-product-compliance
Lightning Source LLC
Chambersburg PA
CBHW071438030726
47594CB00006B/2764